Contraste insuffisant
NF Z 43-120-14

Illisibilité partielle

Valable pour tout ou partie
du document reproduit

Original en couleur

NF Z 43-120-8

L. AUVRAY

UN ACTE

DE LA

LÉGATION DU CARDINAL JEAN HALGRIN

EN ESPAGNE

(VISITATION DES DIOCÈSES DE SIGUENZA ET D'OSMA (1229)

Extrait des MÉLANGES D'ARCHÉOLOGIE ET D'HISTOIRE
publiés par l'École française de Rome, T. XVI.

ROME
IMPRIMERIE DE LA PAIX, PHILIPPE CUGGIANI
Via della Pace, 35.
1896

L. AUVRAY

UN ACTE

DE LA

LÉGATION DU CARDINAL JEAN HALGRIN

EN ESPAGNE

(LIMITATION DES DIOCÈSES DE SIGÜENZA ET D'OSMA. 1229)

Extrait des MÉLANGES D'ARCHÉOLOGIE ET D'HISTOIRE
publiés par l'École française de Rome, T. XVI.

ROME
IMPRIMERIE DE LA PAIX, PHILIPPE CUGGIANI
Via della Pace, 35.
1896

UN ACTE

DE LA

LÉGATION DU CARDINAL JEAN HALGRIN

EN ESPAGNE

[LIMITATION DES DIOCÈSES DE SIGÜENZA ET D'OSMA. 1229]

L'Espagne est un des pays où la géographie ecclésiastique a été le plus variable, et aussi, sur certains points, le plus incertaine. Outre que la répartition des archevêchés et évêchés y a subi de nombreuses modifications et que les transferts de sièges épiscopaux d'une ville à une autre y furent relativement fréquents, nous voyons que, par suite de diverses circonstances (et le long séjour des Maures fut sans doute une des principales), les limites respectives des diocèses y ont été souvent indécises. Ce fut le cas, par exemple, pour l'évêché de Baëza, qui avait, durant l'occupation sarrasine, perdu les titres qui fixaient ses frontières (1). Ce fut le cas surtout, dans la Vieille Castille, pour l'évêché d'Osma, dont les limites furent, à maintes reprises, contestées par les évêchés voisins; et l'acte que nous publions ci-après, bien loin d'être isolé, se rattache à toute une

---

(1) «Cum Beaciencis ecclesia, propter sui captivitatem diutinam, non habeat super limitibus suae dioecesis legitima documenta», est-il dit dans une bulle de Grégoire IX du 20 juillet 1234 (année VIII, capitulum 168, *Registres de Grégoire IX*, n° 2022); une autre bulle du même pape (année VI, cap. 266, *Registres*, n° 1065) a trait à la même affaire.

2

série de documents se rapportant à la même question et qu'il importe de rappeler ici.

En 1088, au concile de Husillos, le légat apostolique dut faire procéder à la délimitation des diocèses de Burgos et d'Osma (1). Il faut croire qu'il n'y réussit pas complètement, car de 1106 à 1109 le pape Pascal II n'eut pas à revenir moins de quatre fois sur cette même affaire (2).

Les difficultés étaient à peine aplanies de ce côté, à supposer qu'elles le fussent, que de nouveaux conflits naissaient sur d'autres points.

En 1136, au concile de Burgos, le cardinal Guy, légat du Saint-Siège, fut appelé à règler les controverses qui s'étaient élevées entre les diocèses de Sigüenza, de Tarazona et d'Osma, au sujet de certaines localités que chacun d'eux se disputait (3); et une bulle du pape Innocent II, du 6 mars 1139, vint confirmer la décision du cardinal (4).

Cependant, moins d'un siècle après, le débat entre les évêchés de Sigüenza et d'Osma était ouvert de nouveau, et le pape Innocent III, à une date que je ne saurais préciser, car la sentence qu'il prononça à cette époque ne m'est pas connue, dut intervenir à son tour (5).

Il ne semble pas que son intervention ait été très efficace; car en 1228, au concile de Valladolid, le différend était porté

---

(1) Don Vicente de La Fuente, *Historia eclesiastica de España*, t. IV, Madrid, 1873, pp. 554-555 (appendice 8).

(2) Jaffé-Loewenfeld, 6104, 6192, 6193 et 6245.

(3) Le texte de la déclaration du cardinal Guy est imprimé dans Loperraez Corvalan, *Descripcion historica del obispado de Osma*, t. III, pp. 16-18. C'est dans cet ouvrage que l'on trouvera les renseignements les plus complets sur tout ce qui touche à ces questions.

(4) Jaffé-Loewenfeld, n° 7952.

(5) La sentence (ou les sentences) d'Innocent III ne m'est connue que par la mention qui en est faite dans le document publié ci-après.

devant le légat de Grégoire IX, le cardinal Jean Halgrin, évêque
de Sabine. Si des contestations, malgré tant de décisions suc-
cessives, continuaient ainsi à s'élever, c'est que ni l'acte de confirmation d'Innocent II notamment, ni la sentence d'Innocent III
n'avaient été suffisamment explicits ; afin que toute incertitude
à ce sujet fût levée désormais, Jean Halgrin prit soin de faire
insérer, dans l'acte rédigé par son ordre, une énumération complète de toutes les localités limitrophes, villages, hameaux et
lieux-dits, sur lesquelles le litige pouvait porter, et qui devaient
être à jamais comprises dans les territoires respectifs des diocèses d'Osma et de Sigüenza.

Les précautions prises par le légat de Grégoire IX eurent-
elles tout l'effet qu'on en attendait, et mirent-elles fin à ce débat,
qui menaçait de s'éterniser? Je ne saurais le dire. En tous cas,
il ne sera pas inutile de constater, après six cents ans et plus,
chez plusieurs géographes espagnols du milieu de ce siècle, certaines hésitations en ce qui concerne la géographie ecclésiastique
de leur pays, et de voir leurs incertitudes porter, en particulier,
sur la province de Soría, où se trouvent précisément les por-
tions contiguës des évêchés de Sigüenza et d'Osma (1). Lorsque
les délégués apostoliques, en vertu de l'article 7 du concordat
passé le 16 mars 1851 entre Pie IX et la reine Isabelle II,
s'occupèrent de déterminer, dans la province de Soría, les circonscriptions ecclésiastiques (2), il est peu probable qu'ils aient

(1) On peut comparer ce que dit à ce sujet Pascual Madoz, dans
le t. XIV, p. 455 (1849), de son *Diccionario geográfico... de España*,
article Soría, avec une note du même à la carte de la province de
Soría qui fait partie de l'*Atlas geográfico de España*, de Coëllo (cette
carte est de 1860).

(2) On trouvera le texte espagnol du concordat de 1851 dans l'ouvrage cité de Vicente de La Fuente, *Historia eclesiastica de España*,
t. VI (1875), p. 887-400, et les articles additionnels de 1860, *ibid.*,
pp. 400-405.

songé à chercher une autorité dans la sentence de l'évêque de
Sabine ; ce jour là, cependant, le vieux document de 1229 rede-
venait d'actualité.

Il ne semble pas que l'original de l'acte de Jean Halgrin
se soit conservé ; du moins, ce document n'a été connu ni de
l'historien des évêques de Sigüenza, Diego Sanchez Portocarrero (1), ni de l'historien de l'évêché d'Osma, Juan Loperraez
Corvalan (2), qui, autrement, n'auraient pas manqué, surtout ce
dernier, de le publier ou tout au moins de le mentionner ; je
ne vois pas non plus qu'il soit cité dans l'*España sagrada*.
Mais le texte en ayant été envoyé à la chancellerie pontificale,
fut confirmé en 1234 par Grégoire IX, et inséré, avec la bulle
de confirmation, au Registre des actes de ce pape ; c'est d'après
le Registre que ce document est publié plus loin.

Cet acte de Jean Halgrin est intéressant à plus d'un titre.
Il l'est d'abord par les circonstances auxquelles il se rattache.
Il peut, en effet, être considéré comme un véritable appendice
aux actes du concile de Valladolid de 1228, actes fort peu con-
nus, et publiés pour la première fois, en 1787, en espagnol,
d'après un manuscrit de l'église de Léon, dans le t. XXXVI de
l'*España sagrada* (3). C'est par la sentence de l'évêque de Sa-

_____

(1) D. Diego Sanchez Portocarrero, *Nuevo catalogo de los obispos
de la santa iglesia de Sigüenza*, 1646.

(2) Cité plus haut.

(3) *España sagrada*, t. XXXVI, p. 216-227, avec ce titre : « Estas
son las constituciones que Mestre Johan Cardenal de Sabina, et Le-
gado en España, fizo en Valladolit, presentes todos los prelados de
Castiella et de Leon, que fueron fachas Era de mil et doscientos et
LXVI annos. » Le texte de l'*España sagrada* a été reproduit en 1851
dans D. Juan Tejado y Ramiro, *Coleccion de canones y de todos los
concilios de la Iglesia española...*, t. III, p. 324-329.

bine que nous savons quels furent, parmi les prélats espagnols, ceux qui prirent part à l'assemblée; en tête figure le célèbre chroniqueur Rodrigue Ximenès, archevêque de Tolède.

En second lieu, les actes émanés de Jean Halgrin, — l'une des plus grandes figures, assurément, de l'épiscopat français du XIIIᵉ siècle, qui fut si brillant, — sont trop peu communs pour que ceux qui peuvent encore exister ne méritent d'être recueillis. Jean Halgrin est bien connu comme sermonnaire et comme écrivain; on cite son *Traité de la Confession*, ses *Moralités sur les Psaumes*, surtout son *Exposition du Cantique des Cantiques* (1). Mais son rôle politique et administratif, qui fut considérable, n'a jamais été mis en lumière; et pourtant il fut, sous Honorius III et sous Grégoire IX, qui lui donna la pourpre, l'un des serviteurs les plus dévoués, les plus employés et les plus actifs du Saint-Siège (2).

Enfin, la sentence du cardinal évêque de Sabine, grâce surtout à la précision avec laquelle elle est rédigée, constitue un document géographique d'espèce assez rare. Nous y rencontrons une double série de plus de quatre-vingts noms de lieux, répartis sur un espace relativement restreint. Il importait de les iden-

---

(1) Outre l'article consacré à Jean Halgrin dans le t. XVIII de l'*Histoire Littéraire de la France*, (1835), p. 162-177, il convient de citer quelques pages de M. B. Hauréau dans le t. XXI, 2ᵉ partie des *Notices et extraits des Manuscrits* (p. 166-178) et les six volumes de *Notices et extraits de quelques manuscrits latins de la Bibliothèque nationale*, du même auteur (1890-1893), où le nom de Jean Halgrin revient souvent.

(2) Sur Jean Halgrin et sur sa légation en Espagne, dont l'objet principal était la dissolution du mariage de Jayme Iᵉʳ d'Aragon et d'Eléonore de Castille, on peut consulter: *Espana sagrada*, t. XXXVI, p. 214-215 et Felten, *Papst Gregor IX.* (1886), p. 191; — l'un des témoignages contemporains les plus intéressants sur Jean Halgrin est certainement celui de l'archevêque de Tolède, Rodrigue Ximenès, *De rebus hispan.*, lib. IX, cap. 12, dans Schott. *Hispaniae illustratae...*, t. II (1603), p. 144.

tifier : je n'y ai pas réussi toujours (1), et je dois d'autant moins m'en étonner, que dans cet acte sont mentionnés de simples fermes et lieux-dits (la *casa Don Chicoth*, la *casa de Mingo Gomez*), et que, dans cette région désolée, où il y a tant de *despoblados*, beaucoup d'anciennes localités ont disparu. La contrée est aujourd'hui l'une des plus pauvres et des moins habitées de l'Espagne, au point qu'un de nos géographes les plus réputés a pu dire : " C'est dans la vallée du Duero, là où s'est constituée l'Espagne chrétienne, que la décadence (commerciale, agricole, industrielle) se montre dans toute sa tristesse. „

Avant de passer au texte même du document qui nous occupe (2), quelques observations au sujet de la liste de noms de lieux qui en fait le principal intérêt, ne seront pas, je crois, tout à fait inutiles.

Tout d'abord, il y a lieu de remarquer que les localités attribuées à l'un ou à l'autre des deux diocèses ne sont pas tou-

---

(1) Je me suis servi principalement du *Diccionario* de Pascual Madoz (1848-1850), 16 vol. in-4°, cité plus haut, très complet, très utile, quoique déjà un peu ancien ; de l'atlas, cité aussi plus haut, de Fr. Coëllo, Madrid, 1850 et suiv. ; du *Nuevo Nomenclator de las ciudades, villas, lugares, y aldéas... de España, publicado por el instituto geográfico y estadístico*, Madrid, 1876 ; du *Diccionario geográfico postal de España, publicado por la direccion general de correos y telegrafos*, Madrid, 1880 ; de la carte de l'évêché d'Osma par D. Juan Baut.^{ta} Lopearrez Corvalan, qui se trouve en tête du premier volume de sa *Descripcion historica del obispado de Osma* (1788), carte qui, si elle n'est peut-être pas la plus complète de celles que j'ai pu consulter, est du moins la plus claire ; enfin de la bonne carte de la province de Soria, par D. Thomas Lopez, Madrid, 1783, que M. A. Morel-Fatio a eu l'extrême obligeance de me signaler et de me communiquer.

(2) Ce document se trouve dans le *Registre* 17 des Archives du Vatican, fol. 240 r° ; c'est le n° 2299 des *Registres de Grégoire IX* ; la bulle de Grégoire IX dans lequel il est vidimé forme le *capitulum* 851 de la huitième année ; elle est du 9 novembre 1234 (*Registres de Grégoire IX*, n° 2298).

jours énumérées dans un ordre absolument logique, ni surtout d'après une direction toujours la même. De là la nécessité, dans les notes, d'indiquer la position de chaque localité par rapport à la localité précédemment citée, ou à une localité voisine plus importante.

En outre, les circonscriptions administratives de l'Espagne n'ayant pas chez nous leur équivalent parfaitement exact, j'ai cru devoir, dans les identifications, me conformer, aussi fidèlement que possible, à la terminologie des dictionnaires géographiques espagnols, et conserver les expressions *lugar, ayuntamiento, juzgado, aldea, despoblado*.

Enfin, au point de vue philologique, on notera la chûte constante de F initial devant *a* ; c'est ainsi que *Falalo, Fardachosa, Fariza*, sont devenus *Alalo, La Ardachosa, Ariza*.

L. AUVRAY.

Sigüenza, 17 juillet 1229.

" Johannes, Dei gratia Sabinensis episcopus, Apostolice Sedis legatus, universis presentes litteras inspecturis salutem in Domino. Noverit universitas vestra quod, cum inter venerabiles patres L[upum] (1) episcopum et ecclesiam Seguntinam, ex parte una, et P[etrum] (2), episcopum Oxomensem, et ecclesiam suam, ex altera, super quibusdam ecclesiis et terminis suorum episcopatuum questio diutius ventilata fuisset cum multis laboribus et immoderatis gravaminibus expensarum, tandem utraque pars, in presentia venerabilium patrum R[oderici] (3), Dei gratia archiepiscopi Toletani,.. Burgensis (4),.. Palentini (5),.. Segobiensis (6) et.. Calagurritani (7) episcoporum et.. electi Conchensis (8), multarum quoque personarum et bonorum virorum qui apud Vallem Oleti ad concilium (9) convenerant, in nos spontanei compromiserunt simpliciter et de plano, renuntiando omnibus litteris et rescriptis super hoc impetratis et impetrandis, promittentes se ratum et firmum habere quicquid super hiis, sive per dictum nostrum, sive per sententiam vel amicabilem compositionem nos contingeret ordinare; et hoc compromissum fuit firmatum per juramenta dictorum episcoporum Seguntini et Oxomensis, et archidiaco[no]rum et personarum utriusque ecclesie que presentes erant, et septem milium aureorum pena vallatum.

(1) Lope, ou Lopez, évêque de Sigüenza de 1221 à 1237.
(2) Pierre II Ramirez, évêque d'Osma de 1225 à 1231.
(3) L'historien Rodrigue Ximenes de Rado, archevêque de Tolède de 1210 à 1247.
(4) Maurice, évêque de Burgos de 1213 à 1238.
(5) Tello, évêque de Palencia de 1212 à 1246.
(6) Bernard, évêque de Ségovie de 1227 à 1248.
(7) Jean Perez, évêque de Calahorra de 1221 à 1237.
(8) Lope, ou Lopez (Lupus), fut élu évêque de Cuenca en 1225.
(9) Le concile de Valladolid de 1228, dont il a été parlé un peu plus haut.

Nos igitur, ut, de jure utriusque ecclesie certificati plenius, cum securiori conscientia predicte contentioni finem possemus imponere, ea que inter partes supradictas per plurima rescripta Sedis Apostolice coram diversis judicibus acta fuerant, diligenter inspeximus, considerantes nichilominus confirmationem bone memorie domini Innocentii secundi (1), Summi Pontificis, que robur dabat cuidam compositioni que super terminis episcopatuum olim inter supradictas intercesserat ecclesias (2), nec non et sententiam (3) felicis recordationis Innocentii pape tertii (4), per quam finis imponebatur contentioni inter easdem ecclesias, super villis, ecclesiis et terminis exorte, denuo. Tandem, post multas deliberationes, ut inter memoratas ecclesias perpetuis temporibus inconcussa pacis tranquillitas permaneret, statuimus, et sub religione prestiti juramenti a partibus et obligatione supradicte pene, ab utriusque ecclesie episcopo et conventu hoc in perpetuum precipimus observari: videlicet quod utraque ecclesia, sicut tunc possidebat de facto villas, ecclesias et terminos in suis confiniis, ita jure perpetuo possideret, et utrique ecclesie perpetuum imposuimus silentium, ut neutra alteri super limitibus episcopatuum posset movere de cetero questionem. Et quoniam in confirmatione supradicta domini Innocentii secundi et sententia domini Innocentii tertii, supradictis ecclesiis quedam ville cum suis terminis assignantur, sine ipsorum terminorum expressione, nos, providere volentes utriusque ecclesie perpetue paci, quatinus, si, quocumque casu, aliquo tempore, alicujus de predictis villis terminos mutari, coartari vel dilatari contingeret, nichilominus tamen absque ullius contentionis materia utriusque episcopatus termini stabiles permanerent, subscribi fecimus no-

(1) Il s'agit ici, sans aucun doute, du n° 7952 (6 mars 1139) de la seconde édition des *Regesta Pontificum Romanorum* de Jaffé.

(2) L'acte visé ici est évidemment la décision du cardinal Guy, légat du Saint-Siège, à qui le différend avait été soumis en 1136, au concile de Burgos (voyez plus haut).

(3) *Ms:* sententias

(4) Je n'ai pas retrouvé la bulle (ou les bulles) d'Innocent III relative à cette affaire.

mina aldearum vel ecclesiarum quas utraque ecclesia, Seguntina videlicet et Oxomensis, una adversus alteram, in sua frontaria possidebat, hoc addito quod, si postmodum aliquam de novo aldeam vel ecclesiam fundari contingeret, illi episcopo vel ecclesie cederet, qui jurisdicti[onem] episcopalem haberet in villa in cujus terminis ipsa aldea vel ecclesia fundaretur.

Hec sunt nomina aldearum sive ecclesiarum quas possidet Oxomensis ecclesia in frontaria ecclesie Seguntine:

In termino Soriensi (1): Bieclos (2), Castiel de Terra (3), Nomparedes (4), Alprarac (5), Almafari (6), La Solana (7), El Corco, Oter[o] del Conde (8);

In archipresbiteratu de Gormaz (9): Morales (10), Briedes (11), Sabuquiello (12), Modamio (13), Madruedano (14), Sant Cristofal

----

(1) Soria, chef-lieu de la province de Soria.

(2) *Sic*, pour Bliecos; Bliecos, lugar con ayuntamiento, juzgado et prov. Soria; à l'ouest de Seron.

(3) Castil de Tierra, lugar con ayunt., juzgado et prov. Soria; au sud-ouest de Tejado.

(4) Nomparedes, lugar con ayunt., juzgado et prov. Soria; au sud-ouest de Tejado.

(5) Alparrache, ayunt. Sauquillo de Boñices, juzgado et prov. Soria; au sud-ouest de Tejado.

(6) Almarail, lugar con ayunt., juzgado et prov. Soria; à l'ouest de Tejado.

(7) Cubo de la Solana, lugar con ayunt., juzgado et prov. Soria; au nord-ouest d'Almarail. — Je n'ai pas trouvé la localité suivante.

(8) Ituero (ou Ytuero), lugar con ayunt., juzgado et prov. Soria; au nord de Cubo de la Solana.

(9) Gormaz, villa con ayunt., juzgado Burgo de Osma, prov. Soria; au sud de Osma.

(10) Morales, lugar con ayunt., juzgado Almazan, prov. Soria; sur la rive gauche du Duero, en amont de Gormaz.

(11) Très probablement Brias, villa con ayunt., juzgado Almazan, prov. Soria; au sud de Morales.

(12) Sauquillo de Paredes, lugar con ayunt., juzgado Burgo de Osma, prov. Soria.

(13) Modámio, lugar con ayunt., juzgado Burgo de Osma, prov. Soria; au nord-ouest de Sauquillo de Paredes.

(14) Madruédano, lugar con ayunt., juzgado Burgo de Osma, prov. Soria; au nord-ouest de Modámio. — Madruano dans la carte de T. Lopez.

de Ot[ero] de Pollinos (1), Nograles (2), Mossareios (3), Sancta
Maria (4), Fresno (5), Adanta (6);

In archipresbiteratu Sancti Stephani (7): Quintanas Ruvias
de Suso (8), Quintanas Ruvias de Juso (9), Quintana Seca (10),
La Mortuera (11), Tramagas (12), Sant Ott. (13), Fonte Cabron (14),

(1) Je n'ai pas retrouvé cette localité.

(2) Nograles, lugar con ayunt., juzgado Burgo de Osma, prov.
Soria; entre Madruédano et Brias. — Noguerales dans les cartes de
Lopearrez Corvalan et de T. Lopez.

(3) Moserajos, ayunt. Recuerda, juzgado Burgo de Osma, prov.
Soria; au sud de Gormaz.

(4) Je n'ai pas retrouvé cette localité.

(5) Fresno (Fresno de Caracena dans le *Nuevo Nomenclator*), villa
con ayunt., juzgado Burgo de Osma, prov. Soria; près du rio de Caracena, au sud-ouest de Gormaz.

(6) Soit le rio Adante, affluent du Duero, qui s'y jette en aval
de Gormaz; soit plutôt S. Juan de Adante, vulgo Adanta, lugar de-
saparecido (disparu), juzgado Burgo de Osma, prov. Soria (d'après le
dictionnaire de Madoz); à l'ouest de Fresno.

(7) S. Esteban de Gormaz, villa con ayunt., juzgado Burgo de
Osma, prov. Soria; sur le Duero, en aval de Gormaz.

(8) Quintanas rubias de Arriba, villa con ayunt., juzgado Burgo
de Osma, prov. Soria; entre Caracena et S. Esteban de Gormaz.

(9) Quintanas rubias de Abajo, lugar con ayunt., juzgado Burgo
de Osma, prov. Soria; au nord de Quintanas rubias de Arriba.

(10) Quintanas Secas; au sud-est de Quintanas rubias de Arriba,
d'après les cartes de Coëllo et de Lopez; cette localité ne se trouve
ni dans Madoz, ni dans le *Diccionario geográfico postal*, ni dans le
Nuevo Nomenclator.

(11) La Morcuera (ou simplement, d'après le *Diccionario geográfico postal*, Morcuera), lugar con ayunt., juzgado Burgo de Osma,
prov. Soria; à l'ouest de Quintanas rubias de Abajo.

(12) Je n'ai pas retrouvé cette localité.

(13) Santuid (S. Tuid, dans la carte de Lopearrez Corvalan); au
sud-ouest de S. Esteban de Gormaz, à l'est de Quintanas rubias de
Abajo.

(14) Fuente Cabron (Fuente Cambron dans le *Diccionario geográfico postal* et le *Nuevo Nomenclator*), lugar con ayunt., juzgado Burgo
de Osma, prov. Soria; au sud de Velilla.

Minio (1), Baldanzolo (2), Baldanzo (3), Sant Pedro cum una casa, Valdeperal (4);

In archipresbiteratu de Handaluz (5): Cespedera (6), Osona (7), Sancta Maria de Linares (8), la casa Don Chicoth, la casa de Mingo Gomez, Handaluz (9), Tajocu (10).

Hec quoque sunt nomina aldearum sive ecclesiarum quas in frontaria Oxomensis ecclesie possidet ecclesia Seguntina:

In archipresbiteratu de Fariza (11): Deza (12), Bordalva (13), Pozuelo (14);

(1) Miño de S. Esteban, lugar con ayunt., juzgado Burgo de Osma, prov. Soria; au nord-ouest de Fuente Cambron.

(2) Valdanzuelo, aldéa del ayunt. Valdanzo, juzgado Burgo de Osma, prov. Soria; au sud de Langa.

(3) Valdanzo, villa con ayunt., juzgado Burgo de Osma, prov. Soria; entre Langa et Valdanzuelo. — Je n'ai pas trouvé la localité suivante; peut-être d'ailleurs n'était-ce qu'une simple église ou chapelle.

(4) Valdeperal; je ne trouve cette localité que dans la carte de Lopearrez Corvalan, qui la place dans le diocèse de Sigüenza et non dans celui d'Osma.

(5) Andaluz, lugar con ayunt., juzgado Almazan, prov. Soria; près de la rive droite du Duero, en amont de Gormaz.

(6) Je n'ai pas trouvé de localité de ce nom; il est assez peu probable que la forme Cespedera soit une altération de Centenera, Centenera de Andaluz, lugar con ayunt., juzgado Almazan, prov. Soria; à l'est d'Andaluz.

(7) Osona, lugar, ayunt. Fuentelárbol (lugar con ayunt. dans Madoz), juzgado Almazan, prov. Soria; au nord-est d'Andaluz.

(8) Je n'ai retrouvé ni cette localité ni les deux suivantes, qui ne sont évidemment que des lieux-dits.

(9) Voy. plus haut, note 3.

(10) Tajueco, lugar con ayunt., juzgado Almazan; prov. Soria; à l'ouest d'Andaluz.

(11) Ariza, villa con ayunt., juzgado Ateca, prov. Zaragoza.

(12) Deza, villa con ayunt., juzgado et prov. Soria; au nord de Cihuela.

(13) Bordalba, lugar con ayunt., juzgado Ateca, prov. Zaragoza; à l'ouest de Cihuela.

(14) Pozuel de Ariza, lugar con ayunt., juzgado Ateca, prov. Zaragoza; près de Monteagudo.

In terminis Almazan (1): citra Dorium (2): Nepas (3), No-
falae (4), Borjavazo (5), Mazarrones (6), Valdespina (7); ultra
Dorium: Sancta Maria de Valacha (8), Los Crepos (9), Tras-
meta, Sancta Maria ultra Dorium, Fondelcarro (10), Sanctus Johannes de Hospital (11), El Bulio (12), Las Tejerizas (13), Matamala (14), Matut (15), Sancta Maria del Prado (16);

In termino de Berlanga (17): ultra Dorium: Baugas (18), Far-

(1) Almazan, sur le Duero, prov. Soria.

(2) Le Duero.

(3) Nepas, lugar con ayunt., juzgado Almazan, prov. Soria; à l'est
d'Almazan.

(4) Nolay, lugar con ayunt., juzgado Almazan, prov. Soria; à l'est
de Nepas.

(5) Borjabad, lugar con ayunt., juzgado Almazan, prov. Soria; au
nord de Nolay.

(6) Je n'ai pas retrouvé cette localité.

(7) Valdespina (appelé aussi, dans Madoz et l'atlas de Coëllo,
Granja de Valdespina), lugar, ayunt. Borjabad, juzgado Almazan, prov.
Soria; sur la rive gauche du Duéro et non *citra Dorium*, au sud de
Cubo de la Solana.

(8) S. Maria de Valacha, sur la rive gauche du Duero, en amont
de Granja de Valdespina (d'après l'atlas de Coëllo; je ne trouve cette
localité ni dans Madoz ni dans le *Diccionario geográfico postal*).

(9) Je n'ai trouvé ni cette localité ni les deux suivantes.

(10) Fuentelcarro (appelé encore Fuente del carro), lugar, ayunt.
Almazan, juzgado et prov. Soria; au nord d'Almazan.

(11) Probablement S. Juan del Duero, tout près et au nord d'Almazan (d'après Coëllo).

(12) Je n'ai pas retrouvé cette localité.

(13) Tejerizas, lugar, ayunt. et juzgado Almazan, prov. Soria; au
nord-ouest d'Almazan.

(14) *Ms:* Maramala. Matamala de Almazan, lugar con ayunt., juzgado Almazan, prov. Soria; à l'ouest-nord-ouest d'Almazan.

(15) Matute de Almazan, lugar, ayunt. Matamala (lugar con ayunt.
dans Madoz), juzgado Almazan, prov. Soria; à l'ouest d'Almazan.

(16) S. Maria del Prado, lugar, ayunt. Matamala (lugar con ayunt.
dans Madoz), juzgado Almazan, prov. Soria; à l'ouest de Matute et
au sud de Matamala.

(17) Berlanga (Berlanga de Duero, dans le *Nuevo Nomenclator*),
villa con ayunt., juzgado Almazan, prov. Soria; à peu de distance
de la vallée du Duero.

(18) Baynbas (ou Bahugas) de Abajo, lugar con ayunt., juzgado

dachosa (1); citra Dorium: Sant Gil de Pedrosa (2), Santa Crus,
Torremocha (3), Rebollo (4), Vado de Rey (5), Navacerias (6),
Avanco (7), Pavones (8), Falalo (9);

In termino de Caracena (10): La Perera (11), Pozuelo (12), Carrascosa (13), el aldea de Gutiere (14), Las Fozes Amas, Sant Fe-
lizes;

Almazan, prov. Soría; non Bayubas de Arriba, qui, dans la carte de
Lopearrez, est indiqué comme étant du diocèse d'Osma.

(1) La Ardachosa, juzgado Almazan, prov. Soría, d'après Madoz,
qui ne donne pas d'indication de diocèse; ne se trouve ni dans le
Diccionario geográfico postal ni dans le *Nuevo Nomenclator;* entre
Bayubas de Arriba et Bayubas de Abajo.

(2) Je n'ai retrouvé ni cette localité ni la suivante.

(3) Torremocha, despoblado, ayunt. Rebollo, juzgado Almazan,
prov. Soría; pas d'indication de diocèse dans Madoz; ne se trouve ni
dans le *Diccionario geográfico postal* ni dans le *Nuevo Nomenclator;*
près de Fuentelporco.

(4) Rebollo, lugar con ayunt., juzgado Almazan, prov. Soría; sur
la rive gauche du Duero, en aval d'Almazan.

(5) Je n'ai pas réussi à identifier cette localité.

(6) Navacerias, despoblado, ayunt. Brias, juzgado Almazan, prov.
Soría (d'après Madoz, qui n'indique pas le diocèse); ne se trouve ni
dans le *Diccionario geográfico postal* ni dans le *Nuevo Nomenclator.*

(7) Abanco, lugar con ayunt., juzgado Almazan, prov. Soría; au
sud de Brias.

(8) Paónes, lugar con ayunt., juzgado Almazan, prov. Soría; au
sud-ouest de Berlanga.

(9) Alalo, lugar con ayunt., juzgado Almazan, prov. Soría; au sud
de Paónes.

(10) Caracena, villa con ayunt., juzgado Burgo de Osma (juzgado
ou part. jud. Almazan, d'après Madoz), prov. Soría; au sud de Fresno.

(11) La Perera, lugar con ayunt., juzgado Burgo de Osma, prov.
Soría; au sud de Gormaz.

(12) Pozuelo, lugar, ayunt. Carrascosa de Abajo (lugar con ayunt.,
d'après Madoz), juzgado Burgo de Osma, prov. Soría; à l'ouest de
La Perera.

(13) Carrascosca de Arriba, lugar con ayunt., juzgado Burgo de
Osma, prov. Soría; au sud-ouest de Caracena.

(14) Je n'ai retrouvé ni cette localité ni les deux suivantes.

In termino Aylonis (1): tres aldee que vocantur hoc nomine: Lizeras (2), Terremocha (3), Gomezula (4); Villa Escusa (5), Villa Cabera (6), Verezal (7), Ceb negro (8), La Funtellera (9).

In signum autem dilectionis et firmamentum pacis amicabiliter inter ipsas ecclesias jugiter permansure, statuimus et ab utraque fuit gratanter acceptum, quod inter ipsas ecclesias esset amicabilis et perpetua societas et fraternitas inconcus[s]a. Ut autem hec omnia supradicta perpetuum robur obtineant, presentem cartam annotari fecimus et sigilli nostri munimine roborari. Acta sunt hec apud Seguntiam, anno Domini M°CC°XXIX°, XVI Kalendas augusti.„

(1) Ayllon, villa con ayunt., juzgado Riaza, prov. Segovia.

(2) Liceras, lugar con ayunt., juzgado Burgo de Osma, prov. Soría; à l'ouest de Caracena.

(3) Torremocha de Ayllon, lugar con ayunt., juzgado Burgo de Osma, prov. Soría; au nord de Liceras.

(4) Comezuela, despoblado, au nord de Torremocha; Madoz ne cite cette localité qu'à l'article Torremocha; ne se trouve pas dans le *Diccionario geográfico postal.*

(5) *Ms.:* Escula. Je n'ai pas retrouvé cette localité.

(6) Villacabera, despoblado, ayunt. Torraño, juzgado Burgo de Osma, prov. Soría; au nord de Torremocha de Ayllon.

(7) Je n'ai pas retrouvé cette localité.

(8) Cenegro, lugar, ayunt. Fuentecambron (dans Madoz; lugar con ayunt.), juzgado Burgo de Osma, prov. Soría; au nord-est d'Ayllon.

(9) Je n'ai pas retrouvé cette localité.